Mon abécédaire MONTESSORI à toucher

Conception : Anne Baudier
Illustrations : Virginie Chiodo

Millepages

ISBN : 978-2-84218-379-0
Imprimé en Chine en décembre 2016
Loi n° 49-956 du 16 juillet 1949
sur les publications destinées à la jeunesse

Pour un lecteur expert, la forme de chaque lettre est clairement différente, tandis que pour un apprenti lecteur, ces différences ne sautent pas aux yeux. Un *n* et un *m* se distinguent par un « pont » en plus, un **E** et un **F** par une barre horizontale...

Dans cet ouvrage, l'enfant va pouvoir explorer les lettres de l'alphabet en suivant avec son doigt le tracé de chacune, guidé par le relief. Cette technique, utilisée par Maria Montessori, a été depuis validée scientifiquement. La reconnaissance des lettres est une compétence essentielle pour apprendre à lire. Repérer leur forme avec le doigt constitue donc une aide précieuse.

Chaque lettre est représentée par des mots. Certains mots débutent par la lettre en question, d'autres mots la contiennent à l'intérieur. Ainsi, l'enfant apprend à repérer une même lettre placée à différents endroits du mot.

A a

B b

renard
canard
arrosoir
arbre

bonbon
baleine
bateau
tambour

C c

D d

cactus

cerise

bracelet

escargot

cadeau

dromadaire

dauphin

pyramide

E e

F f

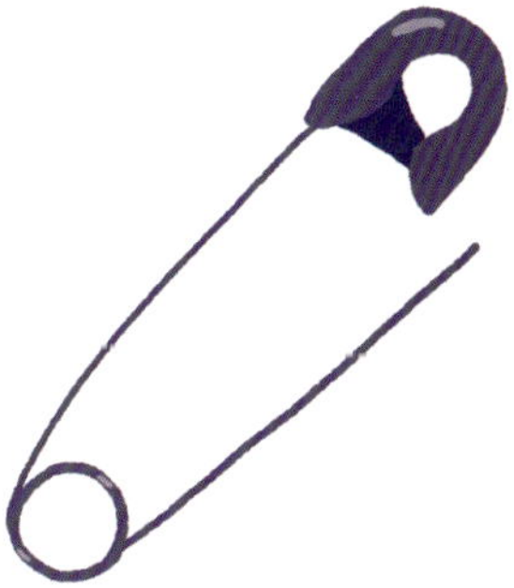

épingle

marteau

écureuil

montre

fauteuil

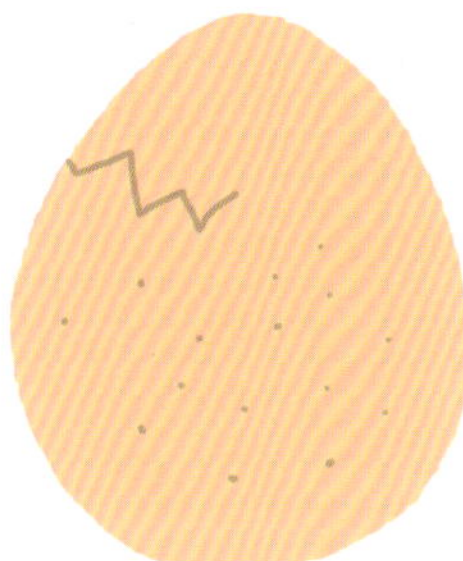

œuf

feuille

confiture

G *g*

H *h*

girafe

marguerite

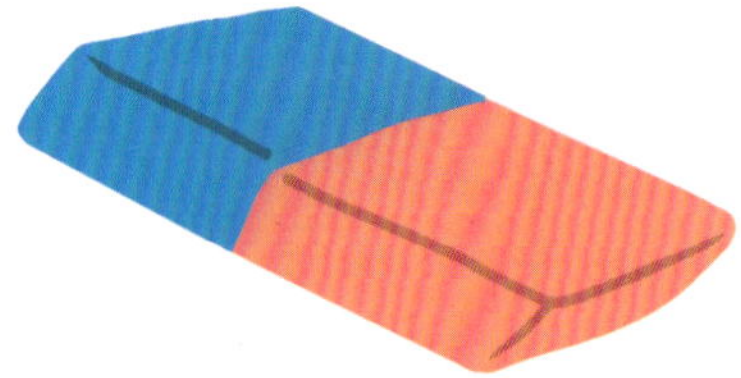

gomme

tigre

harpe

cahier

champignon

hérisson

I i

J j

lit

coccinelle

igloo

île

jongleur

pyjama

bijou

jardin

K k

L l

ketchup

anorak

koala

ticket

luge

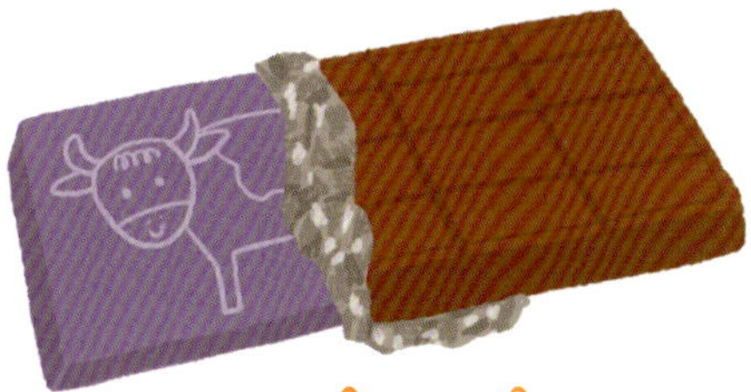

chocolat

lapin

tirelire

M m

N n

marionnette

domino

pomme

mouton

nuage

nid

traîneau

banane

O o

P p

tournesol
oie
orange
brosse

piano
chapeau
poupée
loup

Q q

R r

quatre-quarts
quille
perroquet
coq

tabouret
raisin
serpent
radis

S s

T t

souris
soleil
poussin
fusée

toupie
gâteau
sucette
tulipe

U u

V v

usine

uniforme

mûre

ruche

vache

chèvre

avion

vélo

W w

X x

wagon

sandwich

cow-boy

wapiti

xylophone

lynx

taxi

extra-terrestre

Y y

Z z

yaourt
crayon
lys
yoyo

zèbre
puzzle
pizza
zigzag

A ARROSOIR • RENARD • CANARD • ARBRE

B BALEINE • BATEAU • TAMBOUR • BONBON

C CERISE • CACTUS • ESCARGOT • BRACELET

D DAUPHIN • CADEAU • DROMADAIRE • PYRAMIDE

E EPINGLE • ECUREUIL • MARTEAU • MONTRE

F FAUTEUIL • ŒUF • FEUILLE • CONFITURE

G GIRAFE • MARGUERITE • TIGRE • GOMME

H HARPE • CAHIER • HERISSON • CHAMPIGNON

I IGLOO • LIT • ILE • COCCINELLE

J JONGLEUR • BIJOU • PYJAMA • JARDIN

K KOALA • KETCHUP • TICKET • ANORAK

L LAPIN • CHOCOLAT • TIRELIRE • LUGE

M MARIONNETTE • DOMINO • POMME • MOUTON

N NID • NUAGE • BANANE • TRAINEAU

O ORANGE • BROSSE • OIE • TOURNESOL

P PIANO • CHAPEAU • LOUP • POUPEE

Q QUATRE-QUARTS • COQ • PERROQUET • QUILLE

R RAISIN • SERPENT • RADIS • TABOURET

S SOLEIL • SOURIS • POUSSIN • FUSEE

T TOUPIE • TULIPE • GATEAU • SUCETTE

U UNIFORME • MURE • USINE • RUCHE

V VACHE • CHEVRE • AVION • VELO

W WAGON • SANDWICH • COW-BOY • WAPITI

X XYLOPHONE • LYNX • TAXI • EXTRA-TERRESTRE

Y YAOURT • CRAYON • YOYO • LYS

Z ZIGZAG • ZEBRE • PIZZA • PUZZLE

A B C D E F G H
I J K L M N O P Q
R S T U V W X Y Z
a b c d e f g h i j k
l m n o p q r s t u v w
x y z